© 2015 arsEdition GmbH,
Friedrichstraße 9, D-80801 München
Alle Rechte vorbehalten
Konzept & Text: Roland Kontny
Gestaltung: Jutta Kopf
Bildmaterial: Getty Images / Thinkstock
Printed by Tien Wah Press
ISBN 978-3-8458-0545-0
1. Auflage

www.arsedition.de

Roland Kontny / Jutta Kopf

Die Wahrheit über
KINDER

in aufklärenden Infografiken

INHALT
Die Wahrheit über:

DEN ALLTAG

- Wege am Morgen
- Wann Säuglinge wach werden
- Geräusche im Babyfon
- Wie lange das Aufhängen einer Waschmaschinenladung dauert
- Breite von Kinderwagen und Supermarktkassen
- Wer auf Familienparkplätzen parkt
- Wahrscheinlichkeit, dass das Baby aufwacht
- Höhe des Windelturms, bis das Kind trocken ist
- Kranke Kinder – arbeitende Eltern

DIE GEBURT

- Geschenke zur Geburt
- Ratschläge befreundeter Eltern
- Worauf sich Mutter und Vater nach der Geburt freuen
- Sorgen von Mutter und Vater nach der Geburt
- Mit wem man seine Freizeit verbringt
- Schwer erreichbare Orte

ERZIEHUNG & ENTWICKLUNG

- Wo das Essen landet, wenn Einjährige selber löffeln
- Wann Einjährige etwas unbedingt haben wollen
- Verbote I
- Verbote II
- Worauf Kinder mit einem Holzhammer hauen
- Zeit, bis das Kind angezogen ist
- Wichtige Telefonate
- Kindliche Entwicklung
- Worüber Zweieinhalbjährige lachen
- Härte von Gegenständen

DIE ZUKUNFT

- Krippenplatz-Suche
- Warum-Fragen
- Erste Basteleien
- Diskussionen mit Dreijährigen
- Wie viele Gemüsesorten ein Kind mag
- Am Abend des 3. Geburtstags

Geschenke zur Geburt

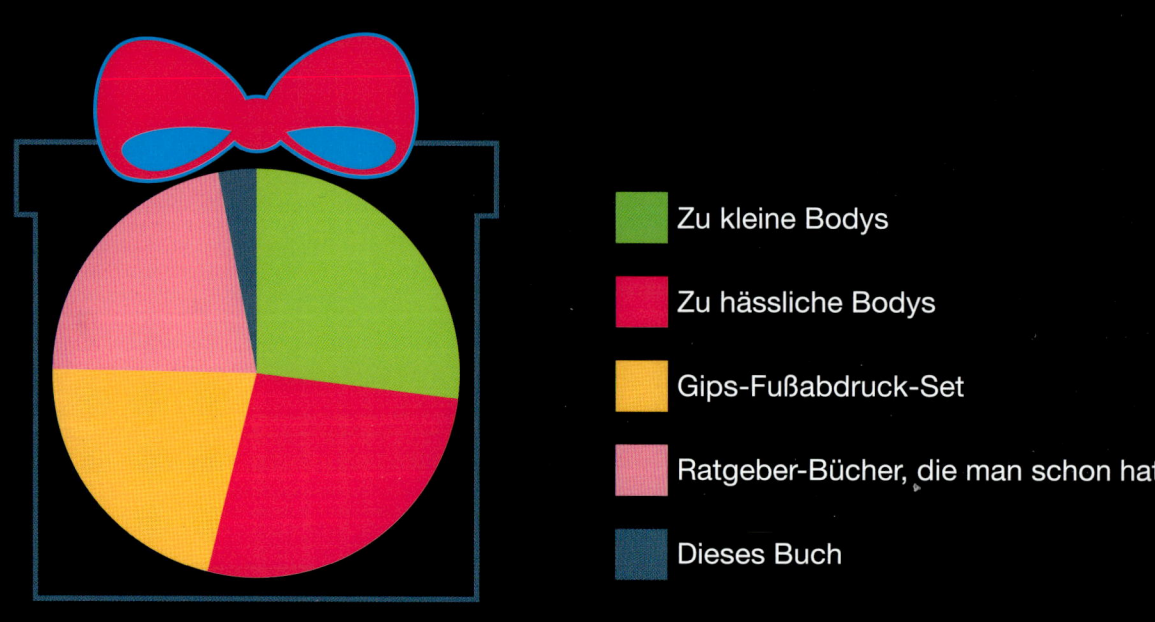

- Zu kleine Bodys
- Zu hässliche Bodys
- Gips-Fußabdruck-Set
- Ratgeber-Bücher, die man schon hat
- Dieses Buch

Ratschläge befreundeter Eltern

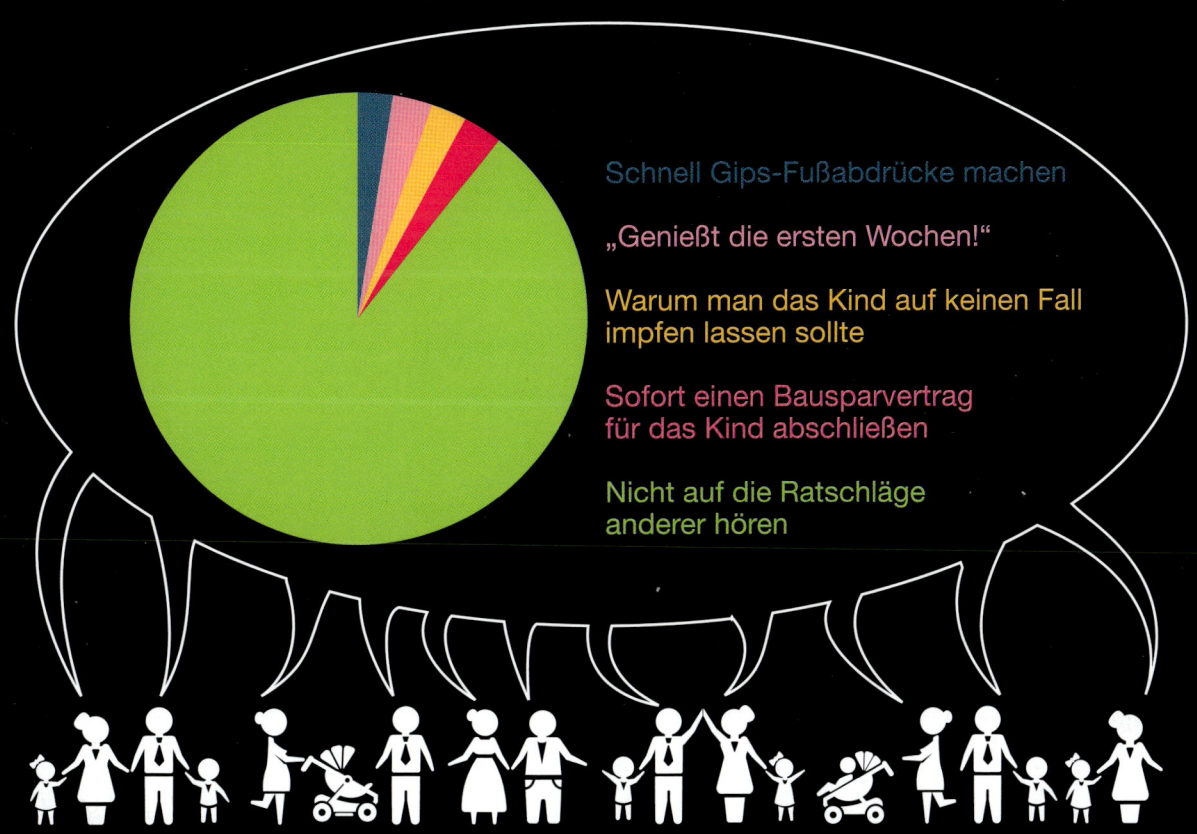

Schnell Gips-Fußabdrücke machen

„Genießt die ersten Wochen!"

Warum man das Kind auf keinen Fall impfen lassen sollte

Sofort einen Bausparvertrag für das Kind abschließen

Nicht auf die Ratschläge anderer hören

Worauf sich die Mutter nach der Geburt freut

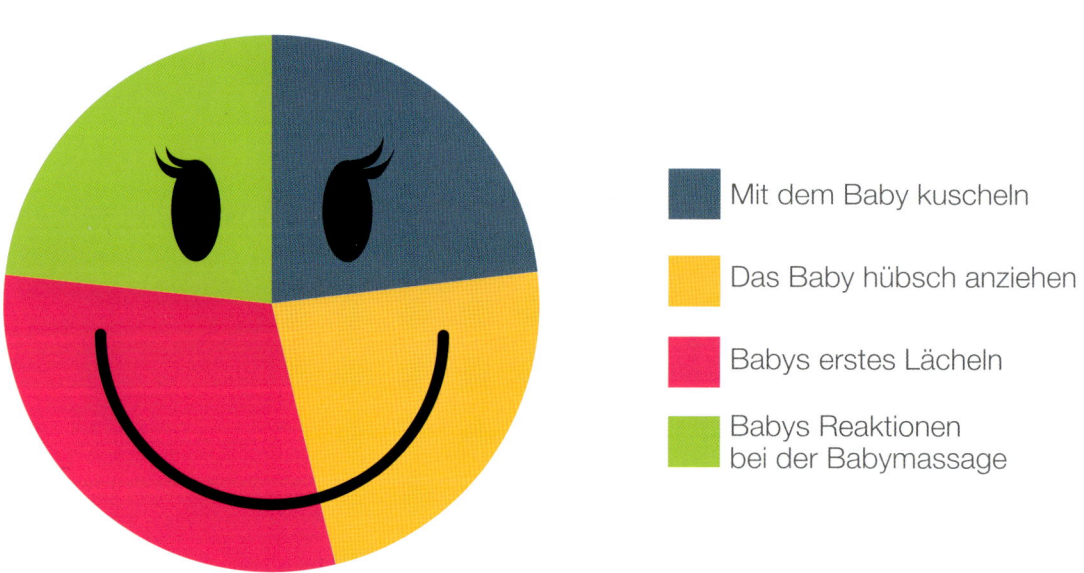

- Mit dem Baby kuscheln
- Das Baby hübsch anziehen
- Babys erstes Lächeln
- Babys Reaktionen bei der Babymassage

Worauf sich der Vater nach der Geburt freut

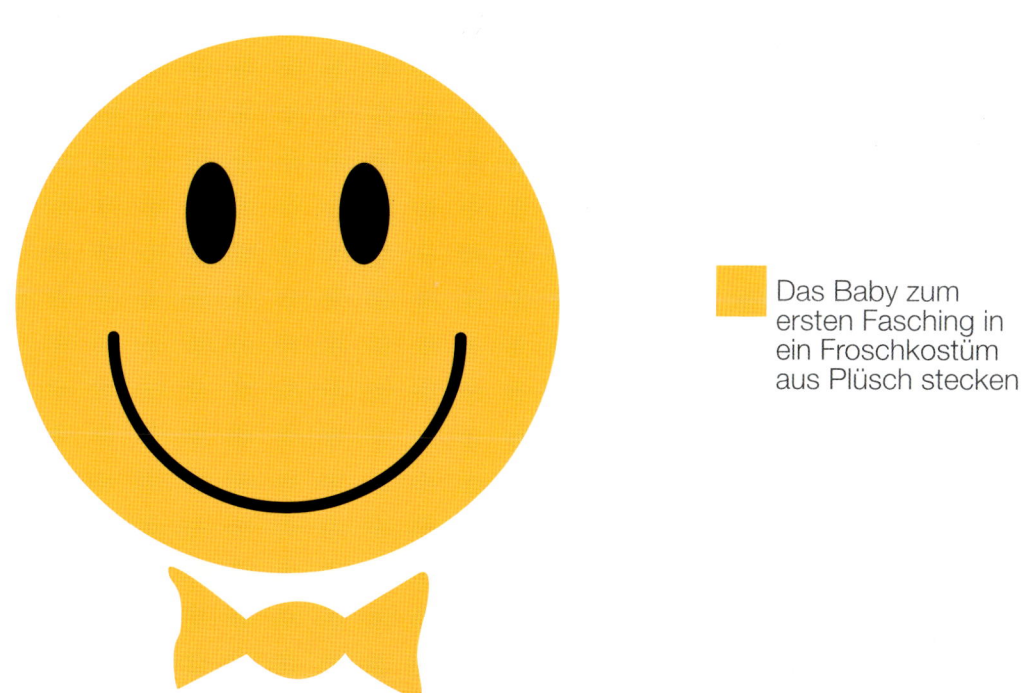

Das Baby zum ersten Fasching in ein Froschkostüm aus Plüsch stecken

Sorgen der Mutter nach der Geburt

Sorgen des Vaters nach der Geburt

In 17 Jahren macht es den Führerschein und will sich unser Auto leihen.

Mit wem man seine Freizeit verbringt

vor der Geburt

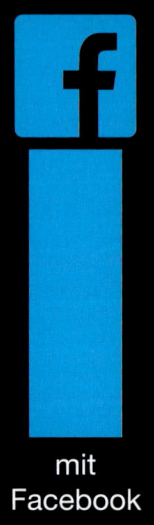

mit Freunden
in Bars und Clubs

mit dem
Lebenspartner

mit
Facebook

mit den
Arbeitskollegen

mit den eigenen
Eltern

nach der Geburt

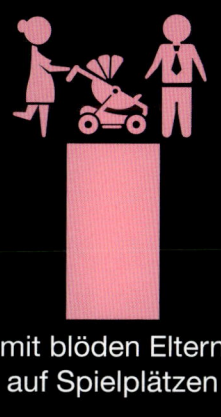

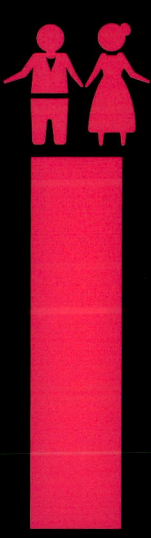

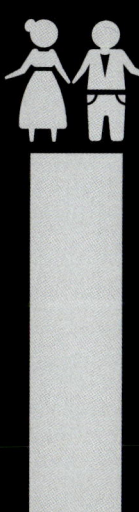

mit Ärzten

mit blöden Eltern
auf Spielplätzen

mit fremden Eltern
in Internetforen
(um herauszufinden, ob die
Kruste auf dem Babykopf
normal ist)

mit den
Schwiegereltern
(die nicht mehr
weggehen wollen)

mit den
eigenen Eltern
(um das Kind mal für
ein paar Stunden
abzugeben)

GEBURT

Schwer erreichbare Orte
vor der Geburt

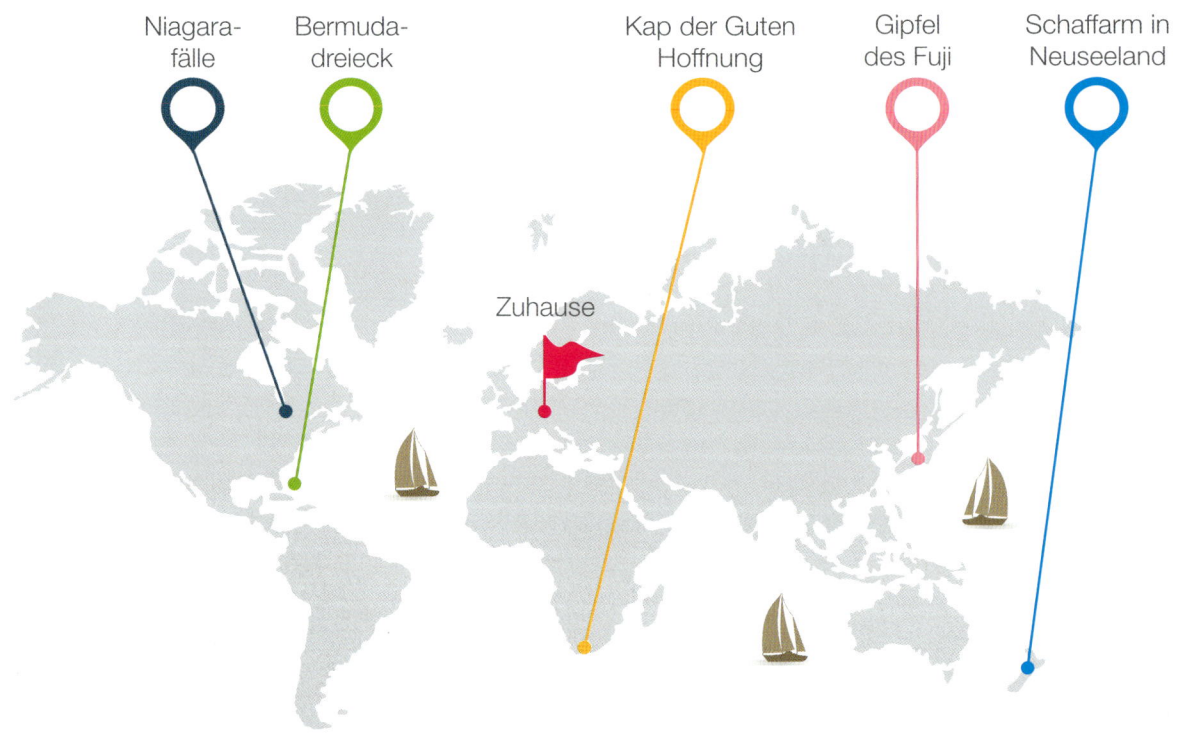

Niagara-
fälle

Bermuda-
dreieck

Kap der Guten
Hoffnung

Gipfel
des Fuji

Schaffarm in
Neuseeland

Zuhause

nach der Geburt

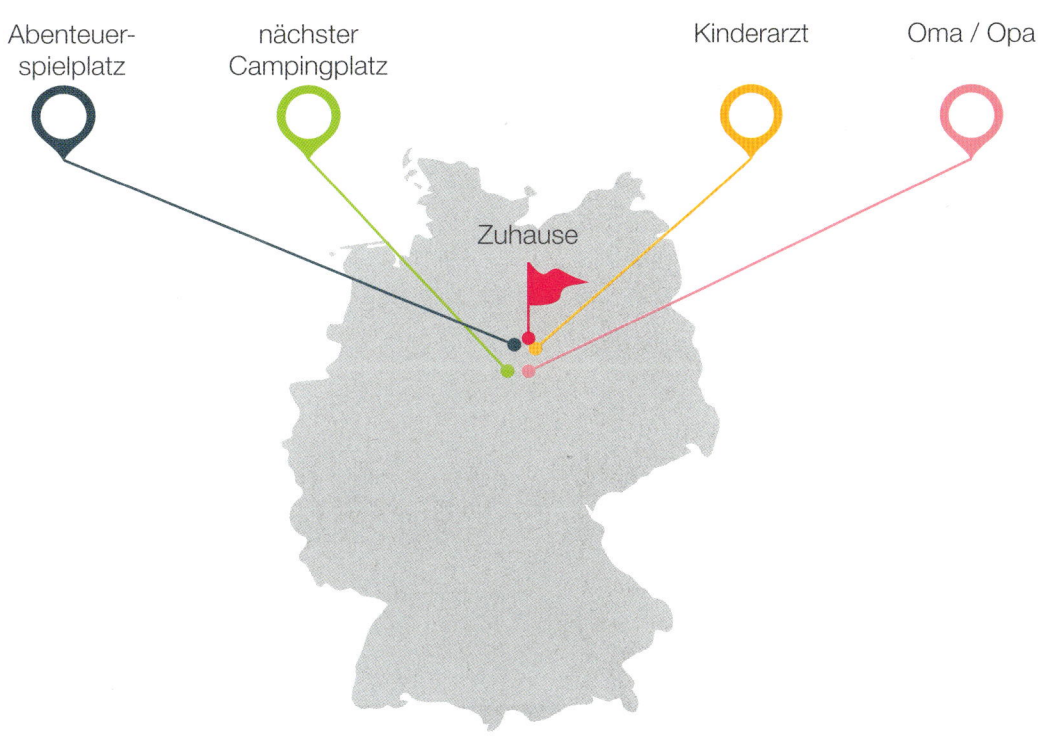

Abenteuer-
spielplatz

nächster
Campingplatz

Kinderarzt

Oma / Opa

Zuhause

Wege am Morgen
vor der Geburt

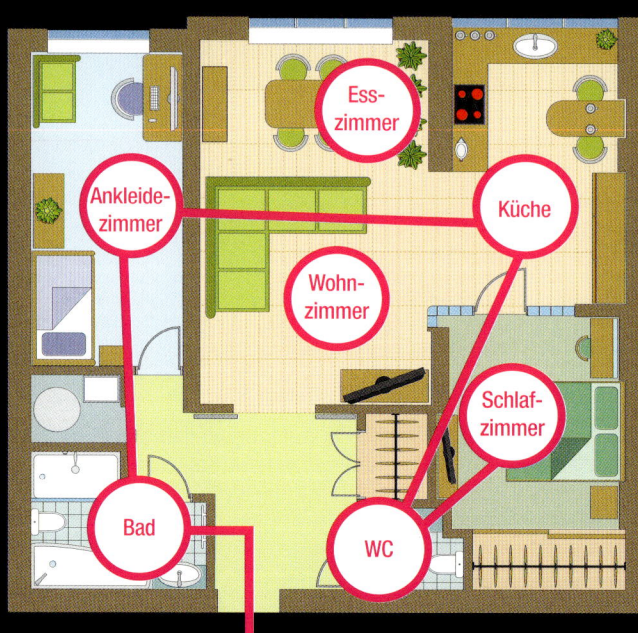

nach der Geburt

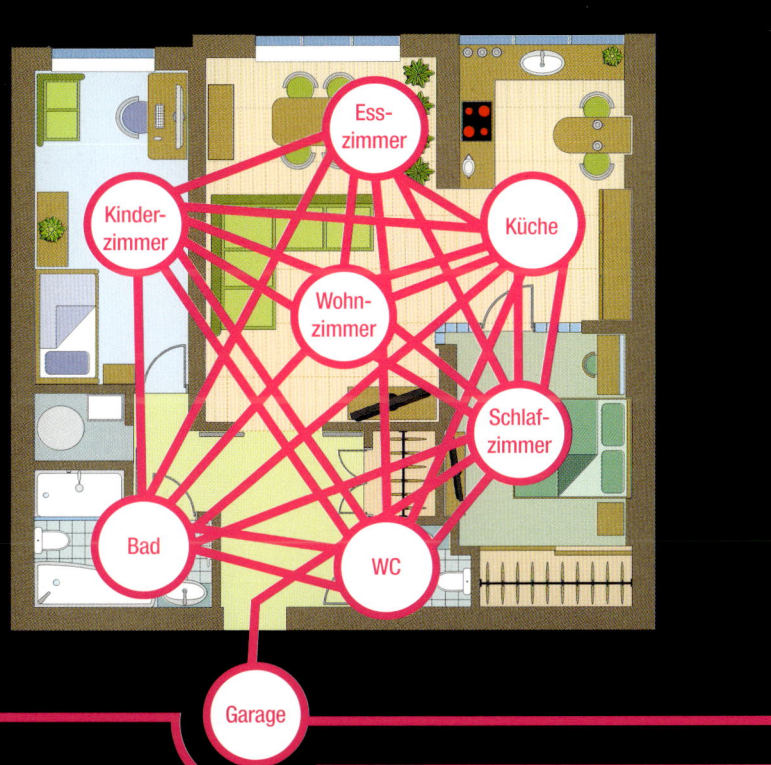

Wann Säuglinge wach werden

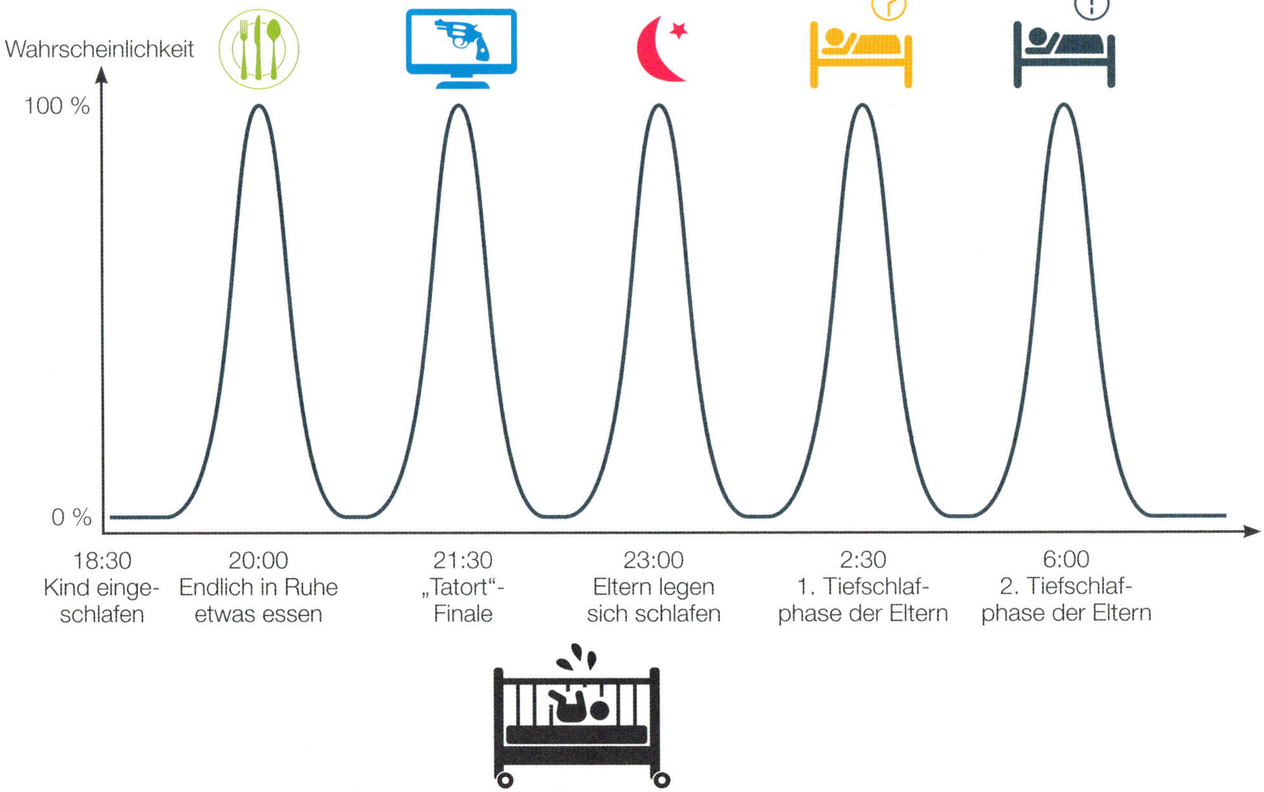

Wahrscheinlichkeit

100 %

0 %

18:30	20:00	21:30	23:00	2:30	6:00
Kind einge-	Endlich in Ruhe	„Tatort"-	Eltern legen	1. Tiefschlaf-	2. Tiefschlaf-
schlafen	etwas essen	Finale	sich schlafen	phase der Eltern	phase der Eltern

Geräusche im Babyfon

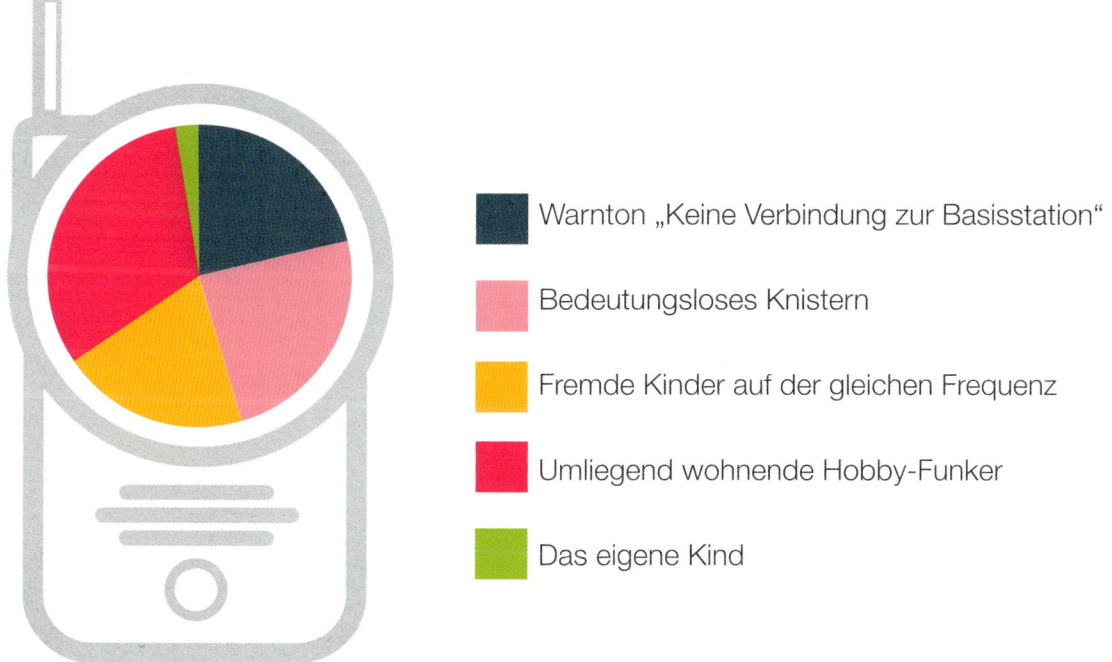

- **Warnton „Keine Verbindung zur Basisstation"**
- **Bedeutungsloses Knistern**
- **Fremde Kinder auf der gleichen Frequenz**
- **Umliegend wohnende Hobby-Funker**
- **Das eigene Kind**

Wie lange das Aufhängen einer Waschmaschinenladung dauert

Minuten

Klamotten der Eltern

Klamotten in Kleidergröße 68

Breite von Kinderwagen und Supermarktkassen

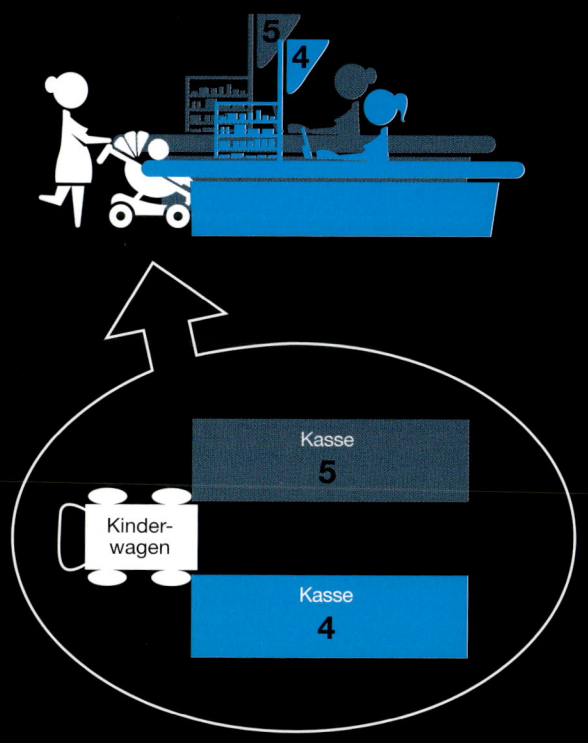

Wer auf Familienparkplätzen parkt

SUV-Fahrer

Rentner

Leitende Angestellte

Familien mit Kindern

Wahrscheinlichkeit, dass das Baby aufwacht

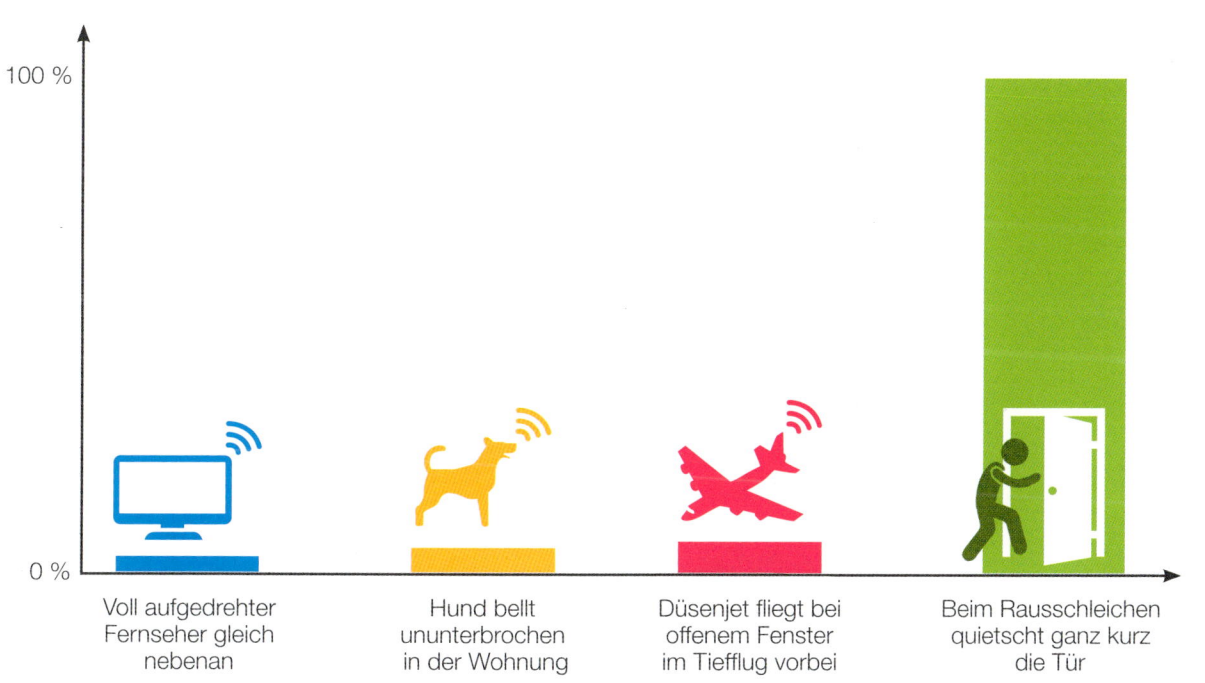

100 %

0 %

Voll aufgedrehter
Fernseher gleich
nebenan

Hund bellt
ununterbrochen
in der Wohnung

Düsenjet fliegt bei
offenem Fenster
im Tiefflug vorbei

Beim Rausschleichen
quietscht ganz kurz
die Tür

Höhe des Windelturms, bis das Kind trocken ist

nach 3 Jahren

nach 2 Jahren

nach 1 Jahr

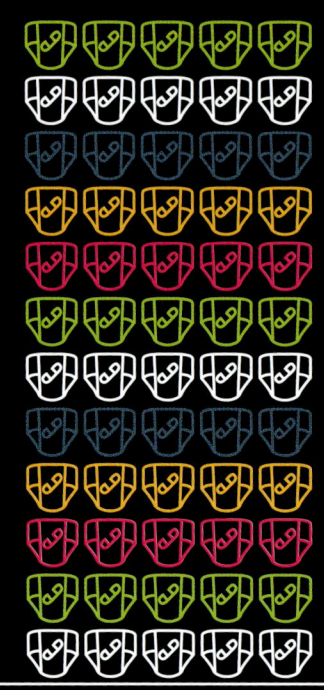

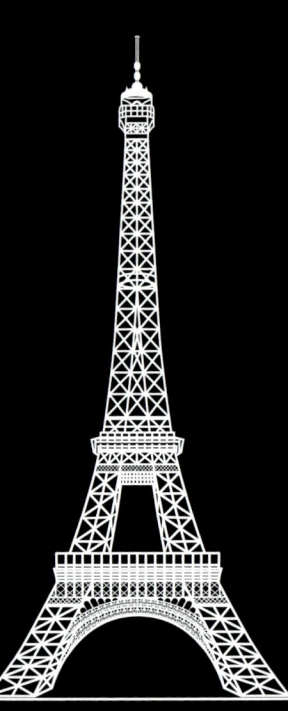

Kranke Kinder – arbeitende Eltern

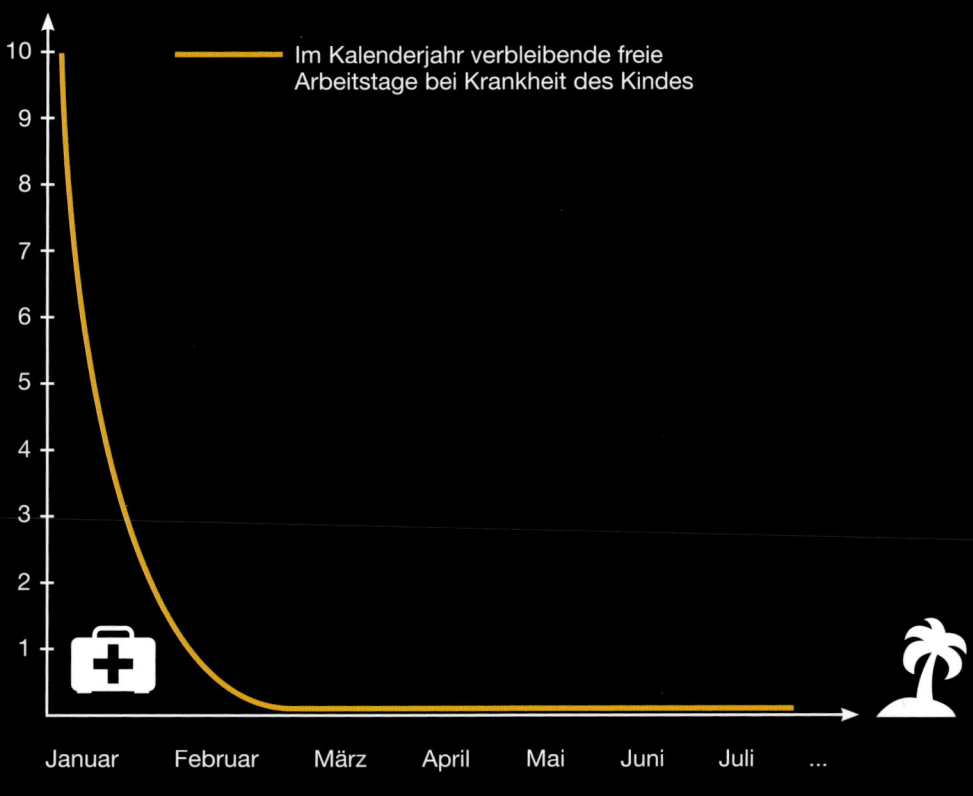

Im Kalenderjahr verbleibende freie
Arbeitstage bei Krankheit des Kindes

Wo das Essen landet,
wenn Einjährige selber löffeln

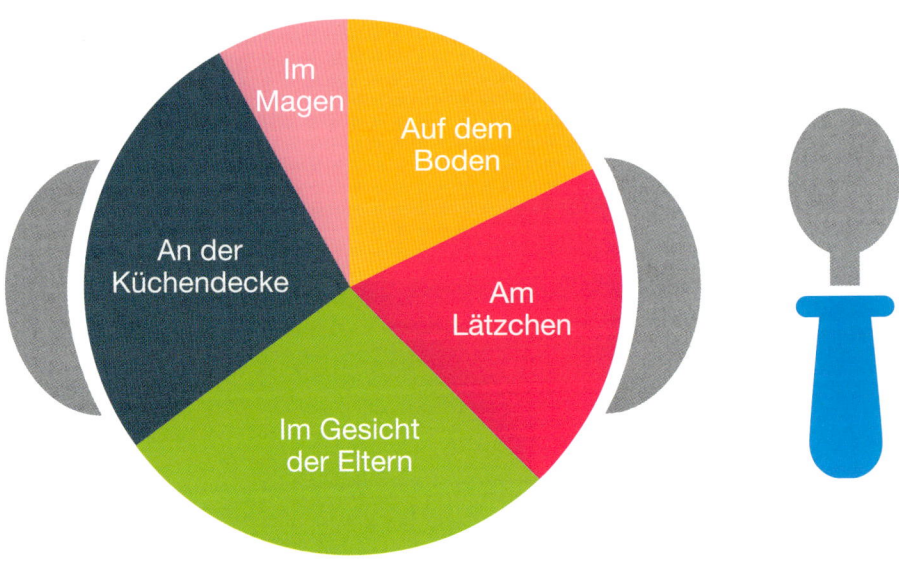

Im Magen

Auf dem Boden

An der Küchendecke

Am Lätzchen

Im Gesicht der Eltern

Wann Einjährige etwas unbedingt haben wollen

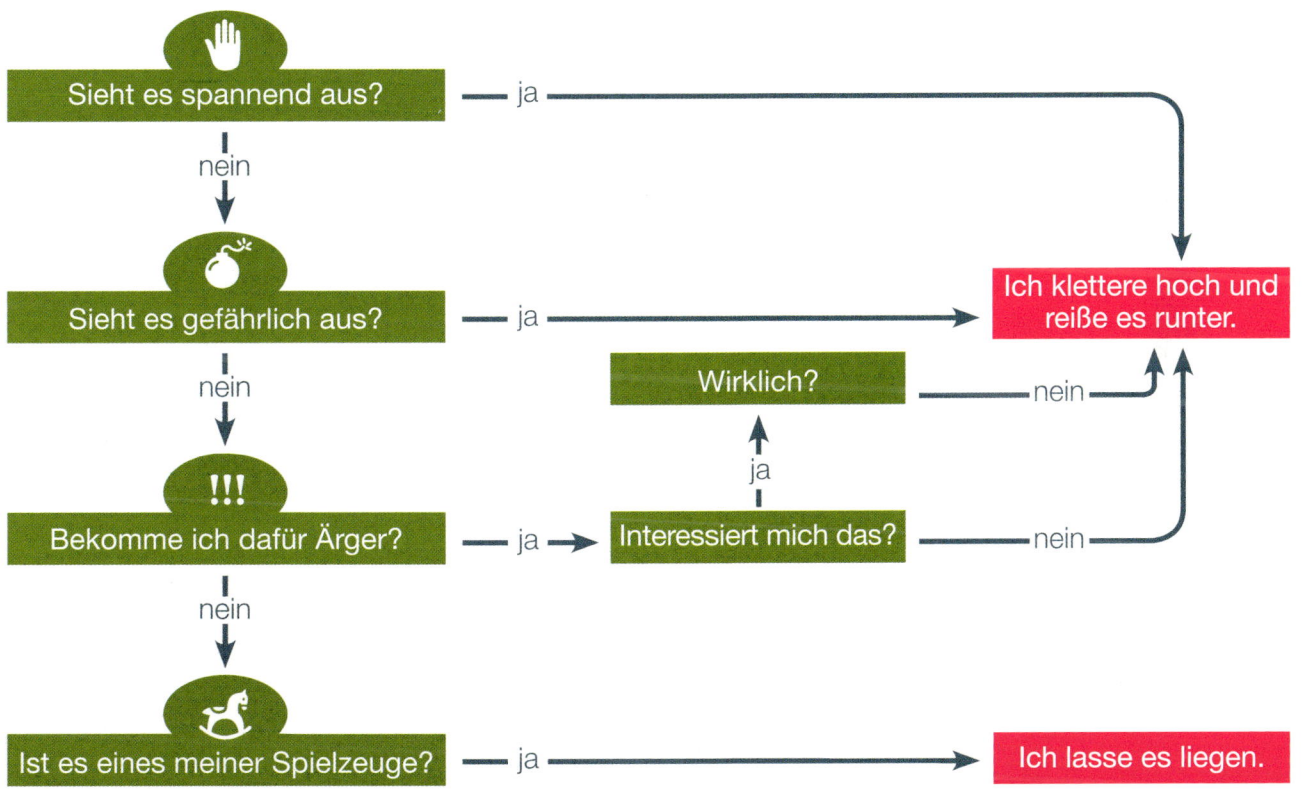

Verbote I

Was Kinder an dem Satz „Du darfst das nicht!"
verstehen

nicht!

Du darfst das

Verbote II

Zeit, die man sich nimmt, um dem Kind den Sinn hinter einem Verbot zu erklären

Zeit, die vergeht, bis das Kind das Verbot bricht

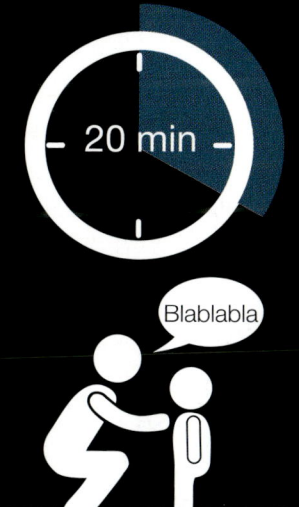

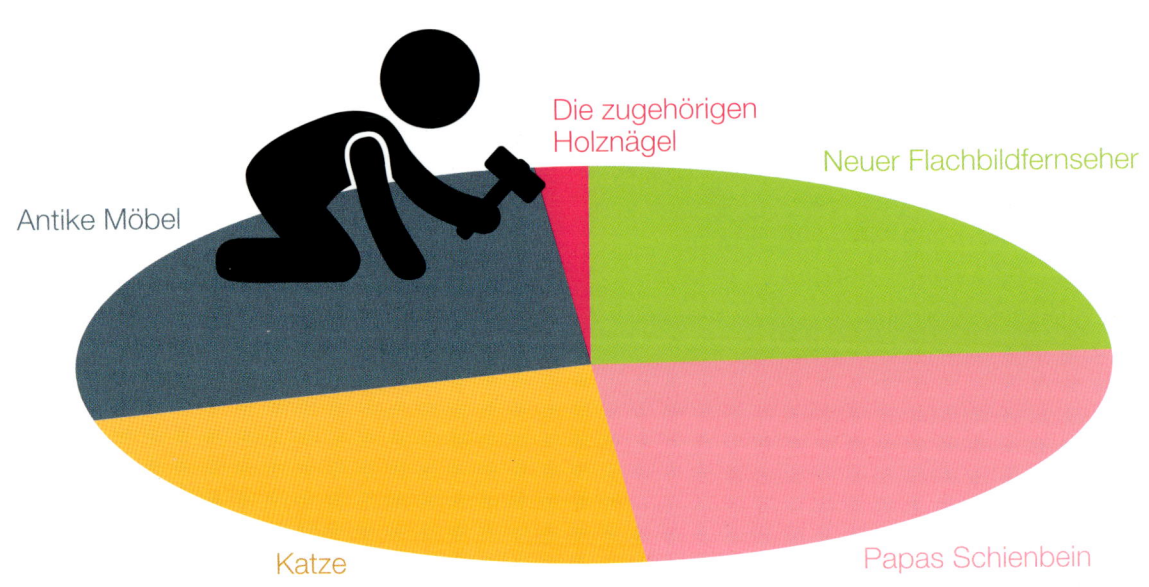

Worauf Kinder mit einem Holzhammer hauen

Die zugehörigen Holznägel

Neuer Flachbildfernseher

Antike Möbel

Katze

Papas Schienbein

Zeit, bis das Kind angezogen ist

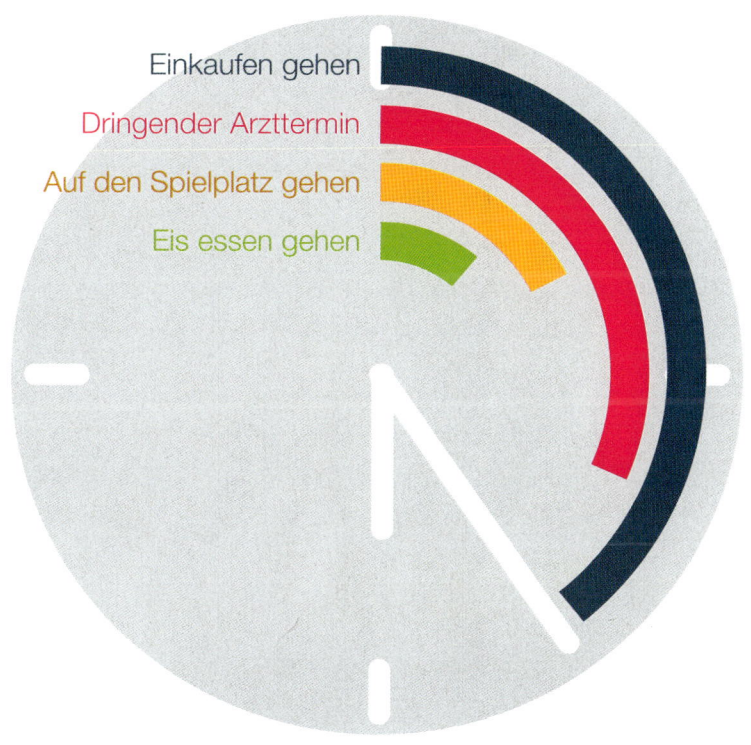

Einkaufen gehen

Dringender Arzttermin

Auf den Spielplatz gehen

Eis essen gehen

Wichtige Telefonate

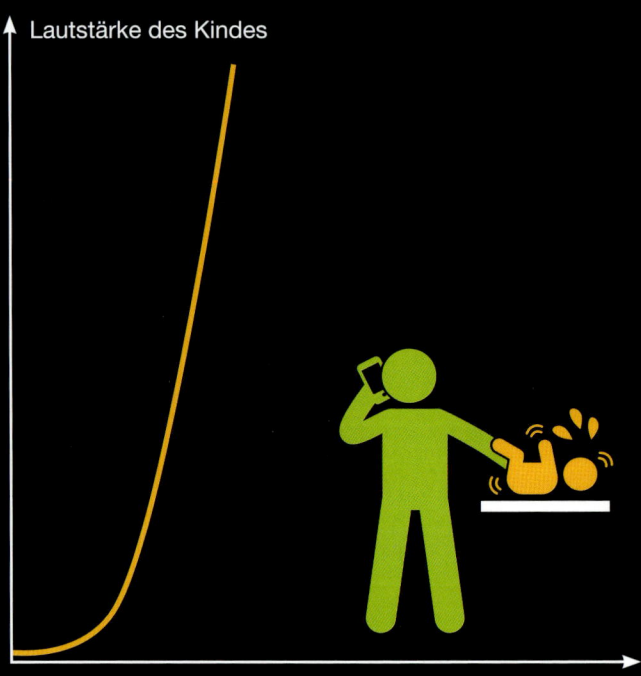

Kindliche Entwicklung

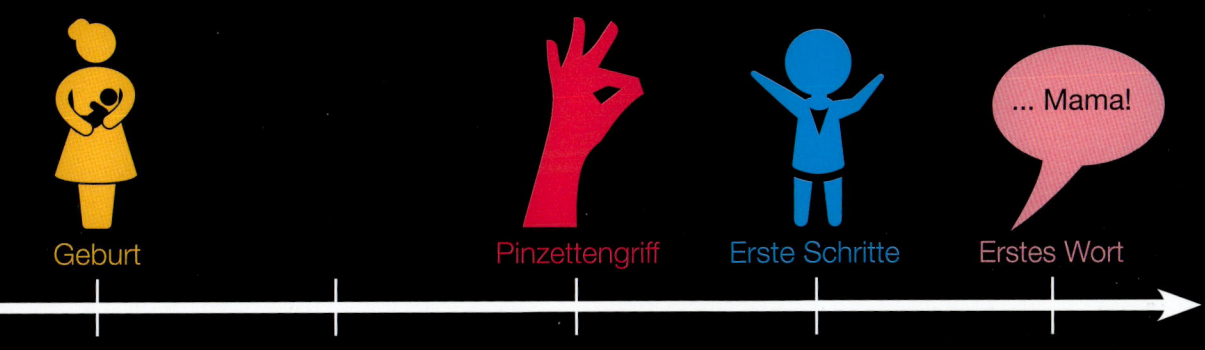

Geburt

Pinzettengriff

Erste Schritte

... Mama!

Erstes Wort

Entriegeln der Tastensperre
des Smartphones

Worüber Zweieinhalbjährige lachen

Ein anderes Kind ist
frech zu seinen Eltern

Das Wort „Pipikack"

Etwas geht kaputt

Man erzählt ihnen
etwas, das man
für lustig hält

Härte von Gegenständen

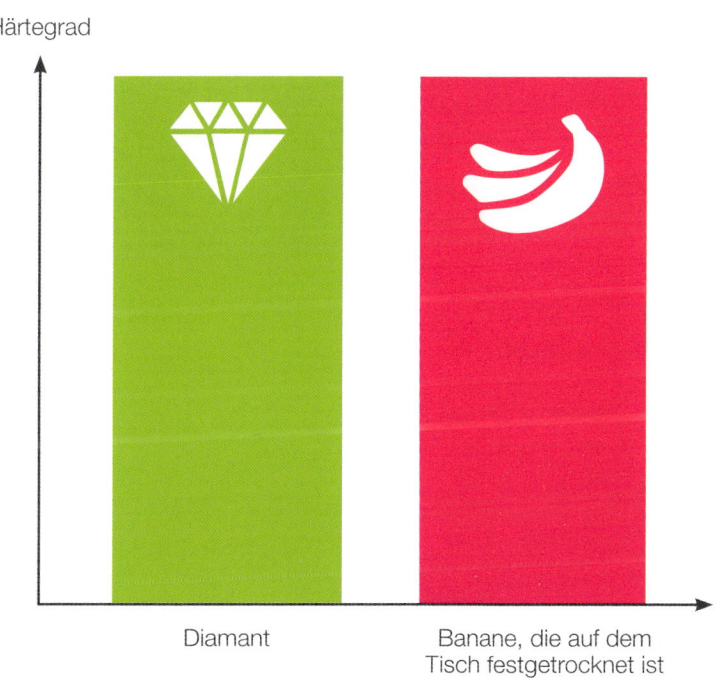

Härtegrad

Diamant

Banane, die auf dem
Tisch festgetrocknet ist

Krippenplatz-Suche

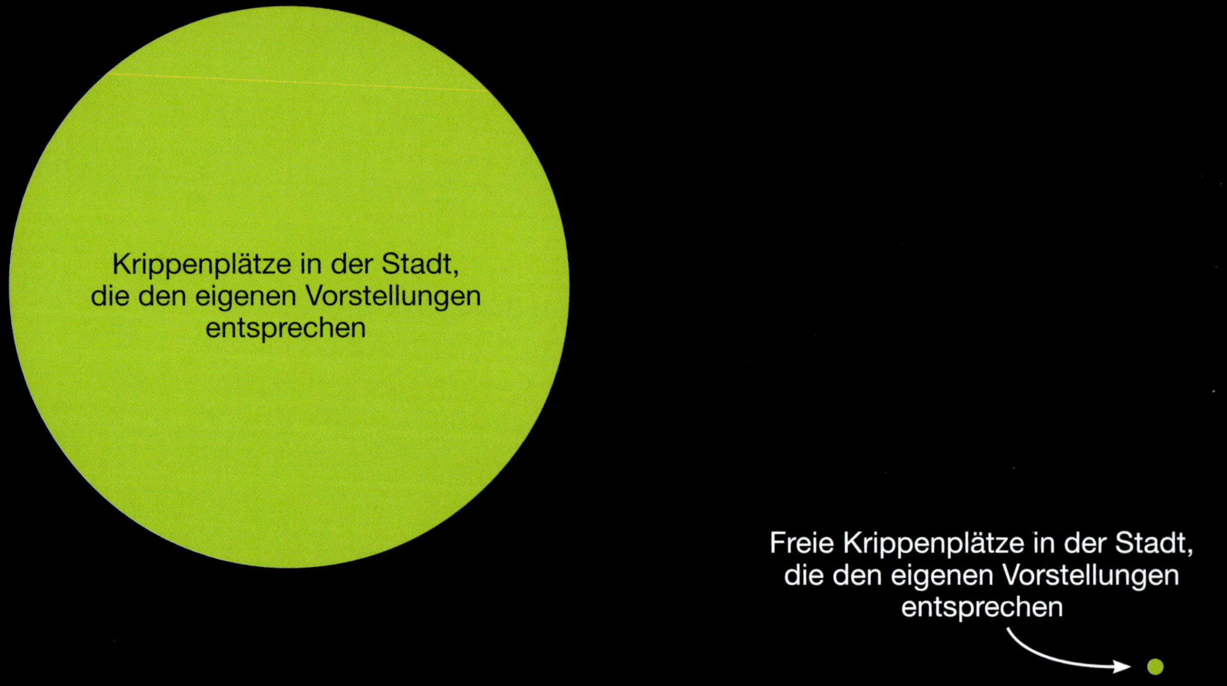

Warum-Fragen

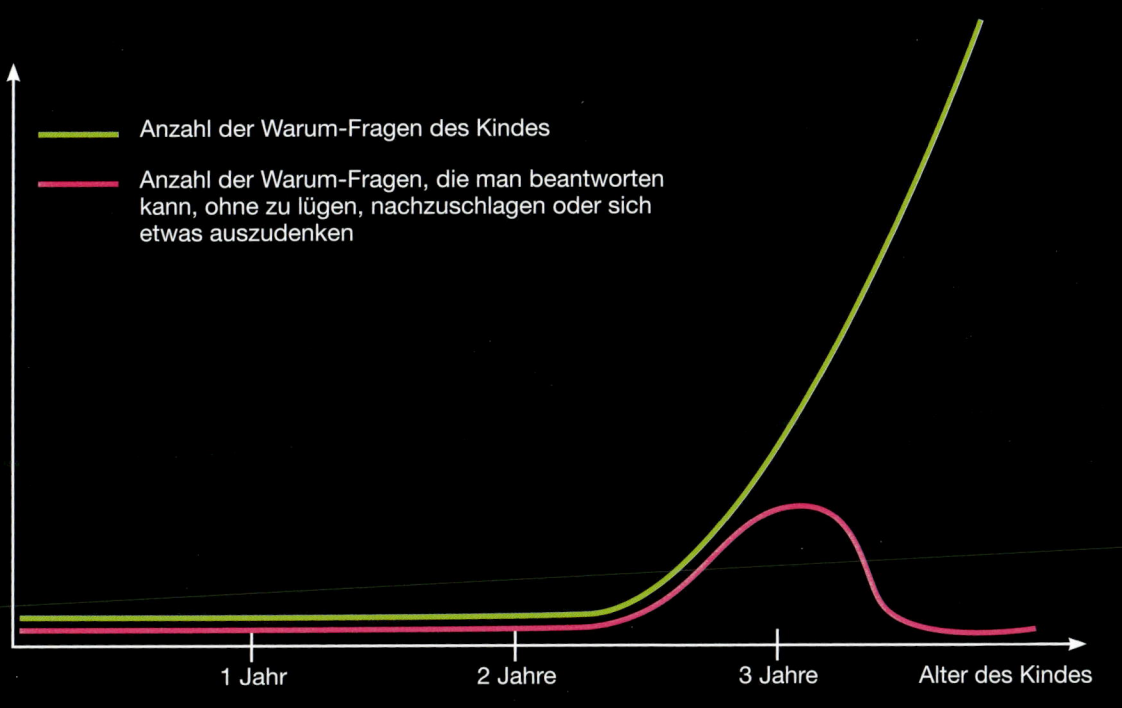

Anzahl der Warum-Fragen des Kindes

Anzahl der Warum-Fragen, die man beantworten kann, ohne zu lügen, nachzuschlagen oder sich etwas auszudenken

1 Jahr   2 Jahre   3 Jahre   Alter des Kindes

Erste Basteleien

Kommentare der Eltern gegenüber dem Kind

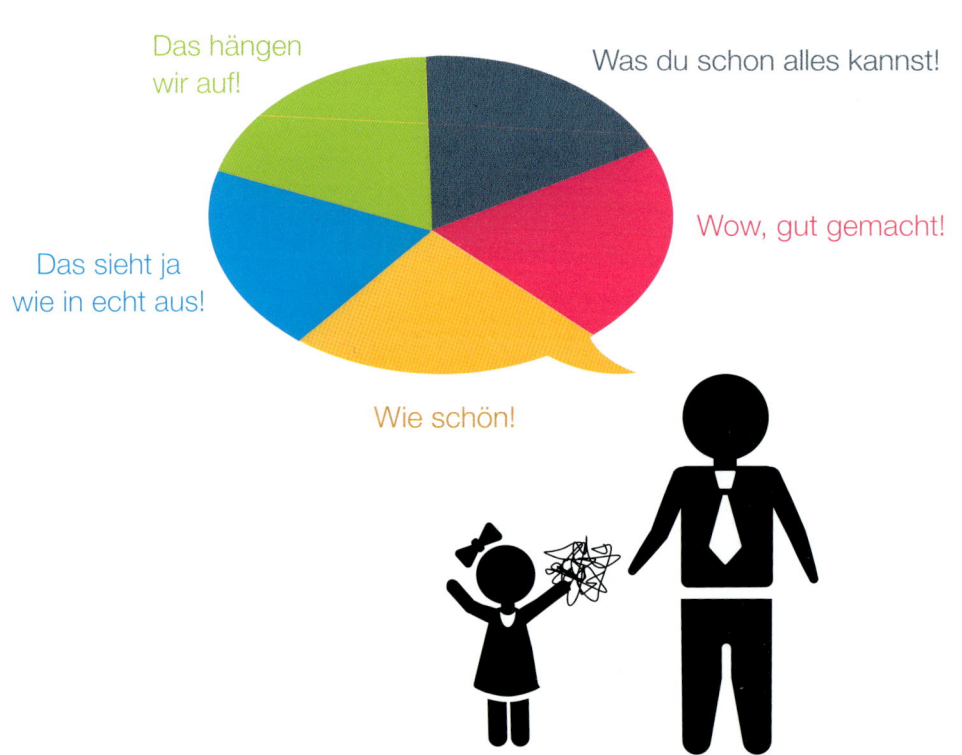

Das hängen wir auf!

Was du schon alles kannst!

Das sieht ja wie in echt aus!

Wow, gut gemacht!

Wie schön!

Gedanken der Eltern im gleichen Moment

Wie können wir das möglichst unauffällig entsorgen?

Was ist das?

Hoffentlich muss es bei der nächsten Vorsorgeuntersuchung nicht malen.

Schade, dass es seine Geburtsurkunde bemalt hat.

Tja, der Kajal ist hin.

Diskussionen mit Dreijährigen

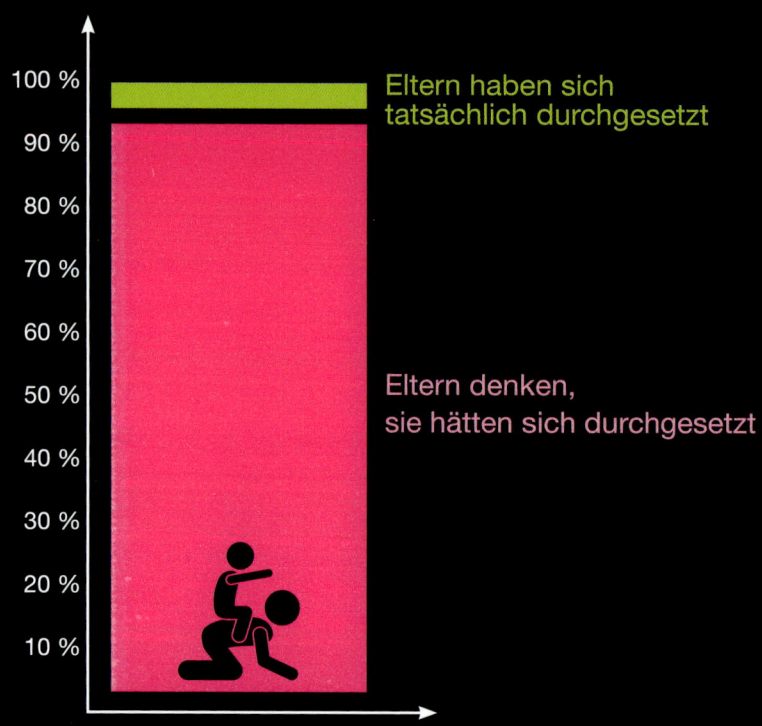

Eltern haben sich
tatsächlich durchgesetzt

Eltern denken,
sie hätten sich durchgesetzt

Wie viele Gemüsesorten ein Kind mag

mit 9 Monaten   mit 18 Monaten   mit 36 Monaten

Am Abend des 3. Geburtstags

Gedanken des Kindes

- Viel zu wenig Spielzeug bekommen
- Viel zu wenig Schokolade bekommen
- Wie lange noch bis Weihnachten?
- Wie lange noch bis zum 4. Geburtstag?
- Sehr kuschelig, das neue Laufrad!

Gedanken der Eltern

■ Puh, ich kann nicht mehr!

■ Das Kind hat viel zu viel Schokolade gegessen!

■ Oh nein, in sechs Monaten ist schon wieder Weihnachten!

■ Ich wünschte, ich wär auch noch einmal drei!

■ Wir hätten das Laufrad vor dem Ins-Bett-Bringen sauber machen sollen!

Nachwort

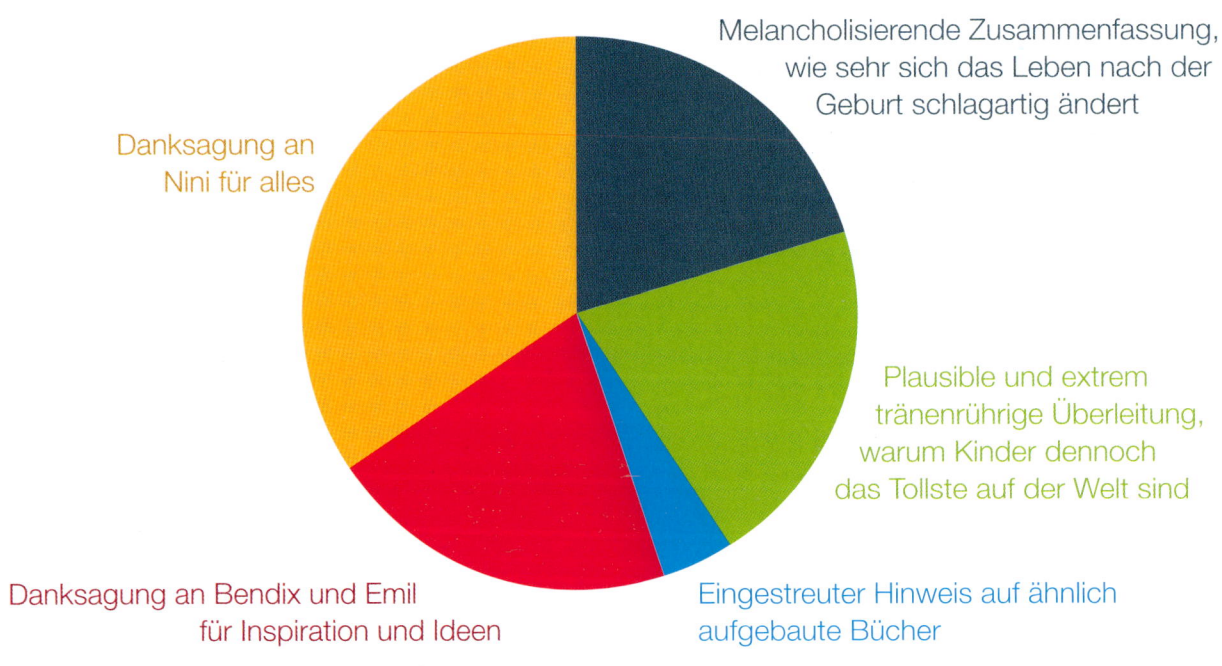

Melancholisierende Zusammenfassung, wie sehr sich das Leben nach der Geburt schlagartig ändert

Plausible und extrem tränenrührige Überleitung, warum Kinder dennoch das Tollste auf der Welt sind

Eingestreuter Hinweis auf ähnlich aufgebaute Bücher

Danksagung an Bendix und Emil für Inspiration und Ideen

Danksagung an Nini für alles